DONDE LA SED

Sarai Delgado Montoro

COLECCIÓN ITES

DONDE LA SED

© Sarai Delgado Montoro
© del prólogo: Mar Benegas
© de la corrección ortotipográfica: Míriam Villares
© de esta edición: Olé Libros, 2026

ISBN: 979-13-87951-36-8
Depósito legal: V-686-2026
Impreso en España

KALOSINI, S. L.
Grupo editorial olélibros
equipo@olelibros.com
www.olelibros.com

A Victoria y a Ángel.

*A todas aquellas personas en cuyas vidas
la pérdida ha estado presente.*

La escritura es lo desconocido;
MARGUERITE DURAS, *ESCRIBIR.*

PRÓLOGO

Donde la sed es un lugar que no existe, pero lo ocupa todo. En eterno tránsito, ese espacio de reflexión en torno a la ausencia y la muerte.

Un recorrido poético que alcanza y toca el temblor y la despedida. La poeta se hace las preguntas oportunas para intentar desvelar el misterio primigenio.

Aquí habita el duelo y el dolor, pero también la esperanza.

Haber podido acompañar a Sarai en este camino, con todas sus vueltas, con la respiración y el anhelo de querer dejar atrás la tristeza tras la partida. Y es ahí donde la poesía se hace infalible: un conjuro o cántico que adormece, que reconforta, que sana y acompaña.

Así, con palabras, se trenza un puente entre el «Somos», que da inicio al poemario, y el «Nunca», en el que esa sed causada por la imposibilidad de recuperar la ausencia, como dice Sarai, lo inunda todo: «Entonces la suerte / fue arrastrada sin aviso, / y la sed inundó la vida».

Mar Benegas
Poeta

Introducción

Cada persona existe dentro de su caos y hay que reconocerlo, yo soy bastante caótica. La escritura me hace estar serena, parar, no pensar en nada y ser yo. Las palabras afloran para llegar a lo inesperado. Al escribir, te vas conociendo, redescubriendo. La poesía extrae aquello que se puede nombrar de diferentes formas, lo triste puede llegar a ser bello. La poesía es musicalidad, sonoridad, y más si se lee en voz alta. El proceso de escritura es el nacimiento de tu interior que no sabe a dónde va, se va encarrilando, busca palabras hasta que encuentra aquellas exactas que quiere mostrar.

Escribir poesía es dialogar con uno mismo.

La poeta Ada Salas expone sobre el proceso de escritura lo siguiente:

A lo largo del proceso de escritura el momento creador suele ser muy breve, muy fugaz. Concibo ese proceso como un prolongado acto de escucha (de mis propias sensaciones, de recuerdos redivivos, del silencio, de la luz, del río subterráneo del pensamiento) al cabo del cual recojo el fruto de unos versos que siento como intensos y que resumen un mensaje que, sin forzar en exceso, va tomando una forma precisa —generalmente por exclusión—, y constituye un poema. Entre esa fase de búsqueda, indagación y escucha, y aquélla en que surge, aunque titubeante, el poema, está el fulgor del advenimiento del verso, idea o motivo generador del texto. Una vez que este se ha materializado comienza el trabajo no del «creador», sino del «lector» que, a través de detenidas e intuitivas lecturas de los versos germinales, hace que estos se multipliquen, se reduzcan o se afilen, es decir, tomen la forma que les corresponde. El destinatario primero del poema es el autor, pero el autorlector que, es lo deseable, se verá sorprendido por una voz que tiene una gran carga de misterio y otredad[1].

Estoy de acuerdo con Ada Salas: esto pasa cuando estás escribiendo y esto es la poesía.

Como dice la poeta, el/la autor/a es quien escribe el poema y el autorlector es quien lee el poema para luego corregirlo, afinarlo. Cada poema tiene muchos autores y lectores porque el lector es quien escribe la obra y, al ser publicada, existen los posteriores que la contemplan con otros ojos, es decir, son otros autores de la misma obra.

La creación de este conjunto de poemas nació en el Laboratorio Poético de la Luna impartido por la poeta Mar Benegas del curso realizado en El Sitio de las Palabras. Todo empezó con una ausencia repentina, necesité plasmar sentimientos y lo que pasaba a mi alrededor. Hay situaciones difíciles de afrontar. La escritura está para ayudar.

Doy gracias a mi maestra Mar Benegas por las correcciones de los poemas. Fue tomando forma con sus apreciaciones y su color fosforito amarillo. Muchísimas gracias, Mar. Gracias por tus palabras.

Escribiendo este poemario, he querido nombrar el vacío inesperado. Hay momentos de sombra, luz y todo se une. Siempre queda el amor.

Sarai Delgado Montoro

---

1 Ada Salas, *Alguien aquí (notas acerca de la escritura poética)*, Madrid, Editorial Hiperión, 2005, pp. 28-29.

Somos

Somos como el junco
que acaba alabando al río
el agua que sopesa
un destino que no conoce,

ese futuro insospechado
llega
para descontrolar nuestra andadura

como el camino silencioso de la voz
que confunde un árbol con una semilla.

DESAPARECER

¿Cuándo se desaparece?
El cuerpo vivo intenta
orbitar con los astros,
lo intenta.
Aparece y se va
aparece y se va
muestra lo que el alma no.

La respuesta,
se ve y flota.
Unido a los rezos
¿Tiene olor el final?

Las flores se marchitan contigo.

Rompeolas

Es un rompeolas
        el corazón,
callando con el parpadeo
            que no hay.

OSCURIDAD

Convoca a la luz.
Caída de su peso incandescente,
no se apaga.
Tiene ojos mudos.

Y su boca inerte
no sabe mirar.

Ya llegó al río Caronte.

LA PUERTA

Toda muerte es grande,
llega abriendo la puerta.
La sinrazón rodea la palabra.
Llegar donde está la luz
a la negrura de tu sombra.
Porque el soplo final
¿quién lo elige?

SILENCIO

Se infundió el silencio
con el calor del cuerpo
inhabitable.

Eligió
dejar de correr.

Descansar.

Sueña en la nada,
si sueña
entre la ligera gravedad.

Y dejó de ser pez
en esa agua
que siempre fluye.

El andar

El andar
hacia un desierto
donde la sed
donde en las pisadas de barro
donde nacen las flores.

Los dedos de hiedra
o
esas huellas que sostienen
se pierden formando eses.

Esos ojos
son los dedos negros
perfilando formas hacia la eternidad.

EMBRIAGADO

Embriagado de dolor
color transparente,
donde el origen
sabor de la amargura
decide salir.

De urdir la mente
la lógica que arde y nunca explosiona.

La duda impregna el color invisible
de preguntas.

El ser todavía es,
la carne que se puede tocar
está viva.

No sabes

No sabes contar el camino,
de ceniza y plata.
Mirada enredada
te tranquiliza y ocurre que...

No hay pies de plomo
es pluma
llega.

Teje lo que aprende
y siempre llega.

No sabe interpretar lo que ve,
solo quiere tejer
se dio cuenta
o no.

Y espera...

Porque deja ir la llave
abre
y deja ir la llave.

AL BORDE

Estás al borde del cuchillo,
te corta los pies suavemente.
Tu voz muda chilla.
                    Ojos blancos.
Nieve
es lo que pisas,
ceniza ya eres.

CUANDO NACES

Cuando naces
      ya mueres.
Llama perpetua.
Agua que corre

y llega al mar
sin horizonte.

Enjambre

Tengo un enjambre de abejas en los ojos
y no pueden salir.
Duele, no paran de volar
y dar golpes en mis pupilas.
Duele,
tengo un enjambre de abejas en los ojos
me pican,
y entonces
el manantial estalla
y salen.
Ya llueve en mí.

El coágulo

Hay un coágulo en mi pecho
y una semilla que no florecerá.
Se siembran sombras,
llamada al viento,
unos ojos que se apagan

Y no hay nada más.

ALMAS

Las almas que el cielo acarician.

Hijas del manantial
deseosas beben
de la cárcel
          inmóvil...

Siguen buscando...

Y así es el hilo de Ariadna que une.

Entre mis manos

Hay fuego entre mis manos
se escapa
cae

y,
al volar,
     brotan las palabras
          de la tierra.

Sangre

Tu sangre
llega a ser piedra.
Tu cuerpo,
alfombra de gusanos.

Las telarañas,
ventanas llenas de niebla

que no dejan ver al ciego.

La piel

La piel es una serpiente.

Nada queda del cuerpo
cuando el viento baila con él.

Así es la vida que solo es
y así es la muerte
siempre.

CIPRESES

No hay cipreses
que lloren todos los muertos.

Raíces que nunca volverán a crecer.

Las nubes al cielo,
Dios que vigila
a los que se atreven
a jugar con el aire.

LLUVIA

La lluvia descalza la muerte
derrama la vida poco a poco,
ladrona de sus vestiduras.

El tiempo arropa
los minutos
los segundos
los recuerdos.

LÁPIDAS

En el cementerio
sobre las lápidas
nacen flores.

El rocío limpia
el recuerdo del ayer.

El sol saluda
a la primavera.

LA NO DESEADA

La no deseada aparece,
molesta en el hueco del hogar.

Juego de sombras
entre tú y yo.

Me vuelvo más pequeña,
lo negro se agranda.

Llegas, no te vas, vuelves.

Dialogamos en silencio
sin saber qué decir.
Lo difícil
es saber respirar
todavía con tu oxígeno.

COSQUILLEO

Cosquilleo invisible,
un camino de destellos permanentes.
Me alimentas
sin dejar constancia.
Existe el aura
de la transmisión.

GOLONDRINA

Eres golondrina que vuelve.
Te fuiste con alas rotas.

Ahora viajas sin rumbo
y puede que el viento te haga volver
a la casa
en la que siempre estás.

Sol y luna

Se ha apagado el sol,
se ha incendiado la luna,
cada noche, lunas rojas.

Las luciérnagas de cielo invisibles
¿dónde están?
No te sé ver.

El sol es negro
cada día negro.

NUNCA

Nunca te fuiste,
nunca hay despedidas
en este mar de soledad.

Entonces la suerte
fue arrastrada sin aviso,
y la sed inundó la vida.

ÍNDICE

Prólogo 9

Introducción 11

Somos 13

Desaparecer 15

Rompeolas 17

Oscuridad 19

La puerta 21

Silencio 23

El andar 25

Embriagado 27

No sabes 29

Al borde 31

Cuando naces 33

Enjambre 35

El coágulo 37

Almas 39

Entre mis manos 41

Sangre 43

La piel 45

Cipreses 47

Lluvia 49

Lápidas...51

La no deseada..53

Cosquilleo...55

Golondrina 57

Sol y luna 59

Nunca 61